JN438477

# 귀머거리의 연가

# 귀머거리의 연가

구연배 제7시집

## | 시인의 말 |

귀가 어두워졌다. 덕분에 은밀하고 달콤한 속삭임은 이제 내게 없다. 머잖아 절벽강산이 될 모양이다. 이것을 나는 사랑하는 사람의 말에 귀 기울이고 살라는 계시로 듣고, 세상 소리와의 결별을 받아들인다. 몸의 귀는 잃을지라도 시를 통해 마음의 귀를 얻을 수 있다고 믿으며, 희미하나마 알아챈 소리를 뜨겁게 사랑하고 싶다. 대신 내 귀엔 잠들지 않는 여름 매미가 산다. 앞으로 침묵의 세상과 더 깊이 대화하며 살겠다. 선물 같은 청음의 세계로 이미 여행이 시작됐다.

| 차례 |

## 1부

# 환장하는 봄

## 2부

# 사랑한다는 것

## 3부

## 무겁지 않을 만큼만

## 4부

## 모서리에 대한 단상

| 제1부 |

# 환장하는 봄

# 만개의 꽃

그대
만개의 꽃으로 피어
내 품에 뛰어든다.

피폐한 삶이 환해지는 봄날

너를 받을
푸른 잎을 피워야겠다.

## 멸치

잘 마른 바다 냄새가 난다.
그물을 빠져나가지 못하고 굳어버린
파도 냄새.

심연과 멀어져
하늘의 별을 그리워하다
붙들린 몸

난바다에 갇혀
쓸쓸히 사라질 운명을 거부하고
은빛 몸을 솟구쳐 튀어 오른 멸치가
뜨거운 팬 위에서
生의 마지막 고독을 산란하고 있다.

운명에 맞서
스스로를 눈부시게 가꾼
은빛 지느러미

자유를 찾아 떠난 몸
죽어서도 싱싱한
방부제 같은 비린내를 풍기고 있다.

젖은 꿈을 태우고 있다.

# 반달

달이
겨울 강을 건너다
헛디딘 걸음이 빠져나오지 못하고
밤새 몸부림치다가
얼음에 갇혔다.

나머지 반달 하늘에서 야위고.

# 이른 봄비

설렘이다.
소생을 기다리는
봄꽃을 적시고
마른 강물의 장딴지를 살찌우는 비.
이 빗줄기 타고
인생 최고의 봄이 오기를.

# 폐사지에서

폐허는
묻을수록 되살아나는 비밀을 품는다.

목이 잘린 석불이
발끝에 풀어놓는 설법으로
폐사지의 벚꽃은 야단법석!

무너진 대웅전의 봄볕은
옹색한 그늘을 가려주는 괘불 같고
다시 찾은 미륵불의 꽃 미소 같다.

빈터의 흙은 여전히 따뜻하고
마당은 환한데

떨어진 꽃처럼
믿음이 절명한 곳에서
햇빛에 따뜻해진 폐사지의 돌부처가
실눈을 뜬다.

사람을 끌어안고 뒹굴던
건장한 구들장들
여전히 뜨겁게 달궈질 불씨를 기다리고

무너진 돌계단에
하염없이 떨어지는 꽃송이.
저들도 한 때는 벌 나비를 거느리고
부러울 것 없이 향기로웠느니
쓸쓸한 폐사지 봄볕이 시큰하다.

# 봄 숲

봄 숲은
여백이 많은 첫사랑의 편지지
알면 알수록 궁금한
연둣빛 설레임이다.

까치발로 지나가야 했던
그 집 앞
아무도 몰래
사랑이 발자국을 찍었다.

숲을 키워낸 산처럼
마음의 키를 키워준 당신

누구나 아는 글자지만
그대가 아니면 읽을 수 없는 편지처럼
봄 숲이
햇빛과 바람과 꽃을 엮어
푸른 그늘을 짜고 있다.

연애편지가
지워지지 않는 사랑의 기록이듯이

봄 숲은
더불어 꼿꼿해진 나무의 기억이다.

# 운명

찍! 얼음 강
쪼개지는 소리

봄이다.

팍! 번개 튀는
눈빛 열리는 소리

운명이다.

# 환장하는 봄

소녀의 웃음처럼 터지는
폐촌의 복숭아꽃.

누구를 기다리는 낮꽃이기에
저리도 맑고 붉은지

봄은 그러니
돌아온 자들이 위로받아야 하는 계절

새순이 돋고
그 언덕 그 나무에 찾아와 우는 소쩍새처럼
손잡은 인연들 모두
순한 강물 같기를

꽃물 든 바람에게 전한다.
봄은 오는데
당신은 무소식, 왜 아니 와.

# 꽃심

여린 풀잎이
막심 쓰는 겨울바람과 맞선
봄 언덕

뺏고 뺏기지 않으려는
점령지의 힘과 힘이 부딪쳐
담장이 흔들릴 듯 먼지바람 일고
들길의 하얀 서릿발
수성의 결연함에 뼈가 시리다.

아 얼음 낀 추위도
출렁이는 강물을 멈추지 못하고
두꺼운 땅거죽은
작은 풀씨에 숭숭 뚫리는데

세상을 무릎 꿇린 거인
겨울 앞에 선
연두 풀잎 검투사를 보라

솜털을 휘날리는 앳된 얼굴로
가시 창을 잡고

두려움 없이
여린 발목 곧추세워 바람을 대적할 뿐

허나, 여리디여린 대궁 속엔
하늘을 들어 올리고도 남을 힘이
숨겨져 있느니
그 기운을, 나는
경천동지할 꽃심이라 부른다.

# 굴뚝새

밥은 끓여먹고 사는지
식은 굴뚝의 미열을 재며
안부를 묻던 새

새벽보다 먼저 깨어나
나의 허기를 걱정하며
우리 집 부엌을 염탐하던
유령 같은 검은 새

나의 가난을
나보다 더 부끄러워하던
굴뚝새를 떠올리며
나의 이마는 소금 젖은 땀으로 얼룩졌느니

끄니끄니 따순 밥 짓는
연기를 피워 올리리라 다짐했던 꿈은
아직도 진행 중이지만

어쩌다 굶기라도 하는 날이면
식은 굴뚝에 코를 박고

슬픈 울음으로 배고픔을 달래주던 굴뚝새
지금도 살고 있을까

고향에 살고 싶다.
바라볼수록 가슴이 따뜻해지는 연기
뭉게뭉게 피워 올리며
이웃 안부를 살피며
굴뚝새와 함께
세상 뒷방에 세든 마음으로 올망졸망 살고 싶다.

# 선화禪畵

봄볕 늘어진 처마 밑
돌계단 끝에
고양이 한 마리
풍경에 매달린 물고기를 노리고 있다.

풍경은 떨어지지 않으려
바람을 잡고 울고
먹이를 놓치지 않으려는 두 눈동자
껌벅도 않는 돌부처가 됐다.

손닿으면 퉁! 하고 울릴 듯한 팽팽한 긴장에
절간 기둥은
직립인 채 꼼짝도 못하고
좌선을 풀지 못한 스님 무릎에서
목탁만 외롭게 운다.

저녁도 건너뛰고
용맹정진 중인
축생 셋.

# 꽃의 일생

세상의 모든 꽃은
매달려서 핀다.

목숨 걸고 외치는
꽃의 통증
꽃의 눈물

화려한 날은 저물고
들숨에 묻은
향기는 깊고 슬프다.

낙화를 받아주지 못한
사랑은 버려라.

매달려서 피는 꽃이
생의 백척간두에 열매를 맺는다.

## 귀향

가을 밤하늘을 날아가는
　　기
　　　　러
　　　　　　기
　　　　　끼
　　　룩
　　끼
　룩
고향 길은 오래전 상형문자다.

모였다 흩어지고
흩어져다 모이는
신비로운 날개의 질서.

허공에 죽지를 맨 새들만
바람에 몸을 맡겨
태 묻은 고향에 닿을 수 있느니

함께 가고자 하는 열망이
어둠을 뚫고
태산준령을 넘어
눈부신 귀향을 허락받는다.

# 딱 한번 만

따가운 가을볕

어느 회한
어느 성찰도 이렇듯
살이 까맣게 타도록 사무쳐보지 못했으니

낙엽을 밟으며
내게 멀어진 푸른 것들을 생각한다.

그리움이 잣아 올리는
기억의 중심에
흘러가지 못하고 맴도는 네가 있음을
눈물 고여서야 알았다.

딱 한번 만
만남보다 더 설렌
이별을 갖고 싶다.

# 날마다 쓰는 유서

그만 자자.

툭, 전등을 껐다.

그 말을 믿었고
세상 모르게 잠들었다가

눈 떠서야
그가 떠난 것을 알았다.

내게 남은
마지막 아침이었다.

# 그대가 있으면 좋겠다

낙엽 냄새 나는 아침

갓 구운 빵과
따끈한 커피가 놓인 가을은
적당히 부르조아적이다.

그러니 다른 계절은 몰라도
가을엔 좀
주머니가 넉넉하면 좋겠다.

가고 싶은 곳이 많아지는 나이

못 가본 길을 찾아
짐 꾸려 훌러덩 기차를 탄다.

이스트 냄새 풀풀 나는 그곳에
단풍나무 같은
그대가 있으면 좋겠다.

# 첫눈

첫눈은
기다리던 전보이고 설레는 만남이다.
하늘 가득 쌓아둔
그리움을 펄펄 날리는 언표
그러므로 첫눈은
대지에 쓰는 하늘의 연서다.
들판의 백지에
상형문자 같은 나무들이 전하는 이야기가
그대 창가에도 쌓여
말로는 다 하지 못한
비밀한 눈빛을 해석할 줄 알고
내 가슴에 지워지지 않은 발자국을 찍은
당신이
오늘 밤 첫눈처럼 찾아오면 좋겠다.

# 겨울바람 앞에서

이제 허명을 벗고
삶에게 정직해져야 할 계절.
색깔로 향기로
자신에게 얼마나 위선적이었는가.
거짓 변명의 시대에
푸른 단풍처럼
마음을 흘리고 다닐 수는 있겠지만
생을 끌고 가는
아름다운 진실은 어디에서 찾을까.
추위에 빛나는 나무처럼
얼음물에 발목을 담금질 하는 강처럼
겨울바람 앞에서
좀 더 맑고 좀 더 깨끗해져야 한다.
네게로 가서 노래가 되고
내게로 와서 춤이 되는
신명의 삶!
앙가슴이 쩍 벌어지고
스스로 깊어지는
이것이 펴 올릴만한 진실의 기쁨 아닌가.

| 제2부 |

# 사랑한다는 것

# 곽도

죄 없는
너를 훔쳐
곽도에서 살고 싶다

운명을 훔친 사랑처럼.

# 사랑은

사랑은
멀어진 자신의 영혼을 만나는
경건한 전율
그러므로 당신이 곧
가장 오래된 나.

# 그을음

아궁이엔 불이 사는 게 아니라
불 그림자가 산다.
불이 나갔다 들어올 때까지
떠나려는 온기를 붙잡고
깊고 어두운 아궁이에 엉겨 붙어
슬픔을 삭인다.
구들이 녹아내리지 않도록
불을 삼킨 입 다물지 못하고
매운 눈물을 쏟아내는 굴뚝의
하얀 연기를 보라.
눈물은 식은 가슴을 태우는 기름 같은 것
그러므로 그을음 많다고 욕하지 말라.
불보다 억센 연기를 먹고 살지만
말을 삼킨 입이 인품이듯
불 먹은 아궁이가 집을 데운다.
묻거니와 너는
누군가를 위해
뜨거운 불덩이를 삼켜본 일이 있는가.
가슴이 까맣게 타들어가도록
그 사람! 멀리서도 외롭지 않을
마음 따뜻한 연기를 피워본 일이 있는가.

그을음을 긁으며
부끄러움을 함께 문질러 뗀다.

# 꽃향기

당신을 흔들 수는 없지만
강고한 안목을
무장해제 시킨다.
당신의 세상을 바꾸는
꽃향기의 위력.

# 비보험

아침 한 술 뜨다가
당신 생각에
울컥! 했습니다.

이걸 목이 멘다고 하던가요?
덕분에 생선가시가 걸렸습죠.
말도 못하고 끙끙 앓다
병원에 가서 겨우 빼냈습니다.

7,600원.
가시 제거는 비보험이랍니다.
그래도 행복했습니다.
당신 때문이니까요.

그리움은
보험이 안 되는
마음의 가시 같은 것
숨 막혀 뒤다 죽을 일이지만요.

# 낮달

1.

눈을 잃고
제 발자국을 보지 못하는
무광의 낮달

쓸쓸한 당신이 그림자로 따라온다.

2.

당신을 떠나고 무슨 염치로
사랑을 구할까

길 잃은 마음
마음 잃은 길

타고 남은 그리움이 하얗게 핀다.

3.

변한 적 없어요
변심한 적 없어요

단 하루도
정 서쪽 말고
동남북 어디에도
한눈 판 적 없어요.

헛짚고 살았다 하여도
나 하나 반짝이자고
등 돌릴 수는 없습니다.

당신만이 내가 가야할 길입니다.

4.

빛을 잃고
허공을 떠도는

실명의 달처럼

사랑을 잃고
삶 밖을 떠도는
실연의 나

사나 죽으나
당신을 떠나지 못하는
낮달입니다.

# 전세 구함

오동나무에
구멍을 파고 사는 호반새처럼
당신 마음에
생굴을 파고 들어앉아
한 생을 살고 싶다.

전세금은 하루 시 한 소절.

# 사랑한다는 것

누군가를 사랑한다는 것은
하늘을 올려다보는 것처럼
일생을 걸고 쌓아올린 그 사람의
삶을 우러러 보는 것.
돌꽃[石花]을 피우는 석공의
피와 땀과 눈물처럼
삶의 주름 속에 숨겨진 그 사람의
애환과 헌신을 읽는 일.
그 사람이 경전이니
그를 읽고 사랑할 일이다.

# 복수초

겨울이 끝나고
봄이 왔음을 알리는
복수초

따뜻한 불 들어 왔구나

새 바람이 불겠고
봄볕에
뒤집어질 일만 남았다.

# 꽃

꽃이 터진다.
터지는 것은
주체할 수 없는 아픔
그러므로 꽃피는 정원에서는 누구나
생각에 어질병이 든다.

꽃이 핀다.
핀다는 것은
세상에 드러내야 하는 상처
그러므로 꽃그늘에서는 누구나
추억의 피를 흘린다.

그대 그리운 생각이 터지고
추억이 터지고
터져서 마침내 꽃이 되는
사랑이야기

어느 날 생각해보니
상처가 꽃이다
아픔이 향기다.

# 음악

교본 없는 삶에서
외로운 영혼을 위로하는
곡조의 철학

이명을 쫓아내고
마음의 귀를 세운다.

숨었던 신명이
관절을 타고 흐르며
어깨를 흔들고
꼿꼿한 정신이 순해져

몸 정원에
소리 꽃 황홀히 핀다.

# 누에

투명한 몸으로 죽고 싶다면
뽕잎 하나만 먹는
누에의 식성을 가질 것

열반에 드는 일도 집이 있어야 하느니

고치비단 집 지어
늙은 몸 수습해 영면에 든 누에처럼
뽕잎 외에는 일체의 맛을 버릴 것

고치에 들어앉아
입도 닫고 다리도 떼고
마침내 기는 몸마저 버려
죽은 듯이 그러나 아주 죽은 것은 아닌
꿈꾸는 번데기

눈을 뜨기 위해
날개를 얻기 위해
몸도 아니고 정신도 아닌 벌레가 되어
천만번을 꿈틀대야 하네.

스스로 발광하는
어둠을 만나야 하네.
그래야 날개를 얻는다네.

기던 몸이 나비가 되는 우화!
누에의 자유는
뽕잎 하나만 먹는 일편단심
혀에 있으니

외식하는 몸
잡식하는 정신은
순결한 부활을 꿈꾸지도 마라.

# 중심꽃

폐사지 봄꽃처럼
해마다
당신이 핀다면

나도 꽃 되어
당신을
눈멀게 하렵니다.

달콤한 약속에
번번이
속아도 행복한 떨림

당신이 나의 중심입니다.

# 초승달

한 달에 한 번
제 몸을 업고 건너야 할
하늘 업보 있어

다 상한 몸을
굽은 허리에 얹고
서산에 누웠다

무겁다고 내가 나를 버릴 수 있나

미친 걸음으로 밟고 간
허공 구만리
오늘밤만 넘기면
이승 길 환하게 열리겠다.

# 친친親親

동구 밖까지 나와
손을 흔드는 어머니

처음에는
가라는 것 같더니
자꾸 바라보니
오라는 손짓 같아

마음을 지평선에 걸어놓고
온 종일
발끝 살피며 출렁인다.

# 마음은 콩밭

깨밭에 갔다가
깨는 따지 못하고
당신 마음만 땄다.

천배는 더 고소한 해찰

그 후로 오래토록 깨소금 맛으로 살았다.

# 단풍

미친 꽃같이
물들어 정들자고 하는데
말릴 겨를 없이 화르르
불붙네.

환심장 가슴이 타네.

# 가을 편지

가을밤
편지를 쓴다.

빨갛게
물드는 마음

꽃 멍든 녹음
어여쁜 당신.

# 첫눈 · 1

가장 멀리 떠난
사람이 오듯
첫눈이 온다.

바람처럼 맑게
꽃잎처럼 밝게

나도 세상도 환하다.

# 첫눈 · 2

오리라.
마침내 흰 나비떼처럼 날아와
세상을 덮고
낙인 같은 발자국을
내 가슴에 찍으리라.
옛 기억들 깨끗이 사라지고
내게 온 그대가
첫 마음이고 첫 사랑이다.
송두리째 나를 흔들어
눈부시게 한 흰빛.
그러나 머물지 않는 걸음으로
길을 떠났고
남겨진 누군가
한 줄의 글로 그를 추모한다.

# 바람에 마음 얹어

누군가를 흔들어본 적 있습니까.
흔들어서 꽃이 된 적 있습니까.
그렇다면 당신은 바람입니다.
당신 때문에 계절이 오고
꽃이 피겠군요.

누군가 때문에 흔들려본 적 있습니까.
흔들려서 바람이 된 적 있습니까.
그렇다면 당신은 그리움입니다.
당신 때문에 꽃이 피고
귀한 꽃씨가 맺히겠군요.

바람에 마음 얹어
눈동자를 흔드는 이여
풍경이 웁니다.
꽃대 부러집니다.

흔드는 것에 마음 주지 말자.
흔들릴 연은 맺지 말자 하시더니
울음으로 뜨거워진 쇠풍경처럼
나를 울리는 당신,

사라질 바람입니까.

오래까지 함께 할 들숨입니까.

# 겨울비

겨울비 내리는 아침.
길이 젖고
사람의 지붕들이 젖는다.
어느 날의 때 아닌 바람이나 천둥처럼
꽤나 낯설고 뜬금없는 진눈깨비.
예기치 못한 곳에서 만나 사랑하고
그날이 그리워 수시로 마음을 밟고 오는
자분자분 아침 계단을 두드리는 소리.
당신의 방문으로
나의 운명이 바뀐 것처럼
찬비에도 마른 바닥 같은 삶이 젖고
가던 길을 바꾸는 사람이 있으리라.
꽁꽁 언 겨울 빗소리를 맞아들이듯
누군가의 방문을 기다리며
식은 윗목에 불을 넣는다.

# 종점

빈 객실을 끌고 가는 기차처럼
삶이 쓸쓸할 때
오르막은 더 가파르고
터널은 더욱 깜깜하지만

접점도 없고
좁혀지지도 않는 길 위의 하루하루를
성실히 살아내야 하는 이유는

큰 뜻을 품고 떠났던 그 자리
그 출발선으로 돌아가
기다리는 당신을 만나야하기 때문이다.
그러므로 종점은
길 끝 저편이 아니라
길이 시작되는 이편에 있다.

삶이라는 기차에서는 언제나
내가 마지막 손님.

책임져야 할 짐이 없으면 오히려
삶이 무거운 법!

산이 흔들릴 만큼 울어도
아무도 귀 기울여 돌아보지 않느니

작은 무인역에서
눈 빠지게 기차를 기다리는 그 한 사람의
손님을 태우기 위해
쉼 없이 바퀴가 구르듯

절망뿐인 곳에서
봄 언덕의 새순처럼 고개를 내밀고
당신을 기다리는 인생을 위해
오늘의 걸음을 멈추지 않는다.

당신을 존재하게 한
어머니와 고향과 따뜻한 피를 지닌 사람들이
여정의 쉼표를 찍어줘야
진정한 종점이다.

| 제3부 |

# 무겁지 않을 만큼만

# 모강

옷을 벗어
아이를 덮어주고
얼어 죽은 엄마처럼
강은
새들이 놀 자리를 남겨놓고
얼음이 언다.

# 결별 그 친절한 부재

추억과 꿈이 공존하는
비현실 같은 날

다가가면 흐릿하고
멀어지면 뚜렷해지는 시선 밖의
자화상 하나
낮달처럼 걸려 있다.

이제 우리 만날 수 없는가.
손잡을 수 없는가.

사막으로
광야로
저문 길 하나 끌고 간
당신의 부재가

눈뜨고 싶지 않은
새벽별을
친절히 씻어놓고 간다.

# 그리운 사막

한 사흘
사막에 갇혀 꿈꾸고 싶다.
욕기慾氣 없는
소박한 눈빛을 가지고 싶다.
사막에 누워
눈썹에 어리는 별을 헤이다 보면
괴로울 것도 없고
부끄러울 것도 없이 담백한
당신을 발견할 수 있지 않을까.
효모가 들어가지 않은
아시시 빵을 뜯으며
발목이 푹푹 빠지는 모랫길에
얼굴을 묻고
너무 오래 중독된
당원 같은 사랑을 빼버리고 싶다.
참회할 통렬한 그 무엇을 갖고 싶다.
한 사흘 사막에 갇혀
살아서 만날 수는 없어도
정직하게 꿈길을 걸어갈 수 있도록
나를 놓아주고 싶다.

# 꽃나이

해마다 피는 꽃도
실은 나무만큼 나이든 것이어서

늙은 나무 꽃 필 적에
가지가 휘청이는 것은
바람 때문이 아니라
목례를 올리는 나비의 무게 때문

나무 그늘에 앉아
천진난만!
너털웃음 웃는 꽃송이 본다.

이 빠진 할머니 잇몸마냥
물색 한 번 보드랍고 말갛다.

# 넥타이

인생이 목메임이다.
일도 사랑도
목메어 결연히 타오를 수 있느니
눈물 몇 방울로도 넉넉히
행복할 수 있다는 것
목메임이 좋다.
삶이 간절해져서 더욱 좋다.

# 무겁지 않을 만큼만

조금만 웃고
조금만 아파합시다.

그리움에 지쳐
당신을 내려놓지 않도록

천천한 걸음으로
미열을 앓으며

생이
무겁지 않을 만큼만
사랑하며 삽시다.

# 밀물, 밀물

나 하나의 바다는
저 멀리 달아나고
검은 빛 뻘에 발자국을 남겼다.

뼈가 빠져나간 몸으로
하루 두 번
바다처럼 밀려드는 그리움에
빨판을 대고
낙지처럼 산다.

밀물, 밀물

사랑하다 죽으면
바다가 거두어 가주기를
오직 그 바람뿐이다.

# 봄비

달궈진 철판에 기름을 두르듯
맨땅에 닿자마자
화들짝 튀어 오르는 봄비

빗방울은
알에서 깬 새끼 물고기 마냥
헤엄치며 세상을 흐를 것이다.

톡톡,
맑은 두드림에
문을 열고 내다보는 푸른 잎
눈 감아도 누군지 알겠다.

나도 대지도
밤새워 봄비를 구워먹는다.

# 잉걸 사랑

진정 뜨거운 것은
그을음이 없다.

짐도 안 나고 끓는
마음을 보았다.

불꽃이 아니라
잉걸이었다.

# 가까이 더 가까이

나를
순한 물이 되게 하신이여.
부서지고 깨져
당신의 사랑만큼 깊고 푸른
강이 되겠습니다.

나를
꽃이 되게 하신이여.
마음 모아
당신의 눈물만큼 아름다운
향기가 되겠습니다.

날마다 한 걸음
가까이 더 가까이

나를 눈멀게 하신이여.
오직 한 숨결
당신을 통해
세상을 보는 가슴이 되겠습니다.

## 겨울 저수지에서

겨울 아침
얼음 깔린 저수지 갈대밭에
벌써 한 시간째
나무 등걸처럼 꿈쩍도 않고 서 있는
맨발의 백로

발밑에 물고기가 있는 듯
얼음 녹기를 기다리는
조반 한 끼가
간절하고 진지하다

피난처로 알고 숨었다가
저승사자 같은 백로 시선에 갇혀
도망칠 수도 없고
얼음 속에 박힌 듯
눈알만 굴리고 있을 물고기

해는 내리쬐는데
삶과 죽음을 놓고 벌이는
새와 물고기의 한판 승부가
겨울 아침을 꽁꽁 얼린다.

팽팽한 빙질이 칼날처럼 빛난다.

# 동사를 갖고 싶다

동사를 잃었다

주변머리 없는
명사만의 말놀음

붙잡을 줄만 알았지
놓아주지 못한 욕심에
춤추는 걸 잃어버린 언어들

사랑은 있는데
사랑하다, 는 없고
그리움은 많은데
그립다는 동사는 써보지 못했다.

물기 없이는 만나지 말자.
마음 뜨락엔
움직임 없는 명사들뿐

별의 기능을 잃었어도
불타는 꼬리를 가진 유성처럼
이름씨만이 아닌
뜨거운 동사를 갖고 싶다.

# 밤맛 밤 맛

알밤을 들고 소희가 찾아왔다.

"산밤여
굽던 안 해도 맛이 그만여.
불 끄고 먹어"

그래?

기억 속
부엉이 울음을 들으며
밤을 삶아 먹었다.

날이 새고
밤꽃같이 생긴 하얀 밤벌레를
많이도 먹었음을 알았다.

잊을 수 없는 밤맛 밤 맛!

# 북어

-노회찬의원 죽음을 기리며

죽음보다 더 명백한 진실이 있을까
북어는
명태가 풀어놓은 주검의 서사다.

검시하듯
몸을 뒤집을 때마다
들이켠 바다가 와르르 쏟아지고
물고 있던 달이
아가미를 빠져나가 허공에 걸린다.

바다에 떠오르며
얼마나 많은 몸부림을 쳤는지
숨 쉬던 부레는 녹아버렸고
내장은 텅 비었다.

물만 닿아도 되살아나
난바다를 헤엄칠 것만 같은
꼿꼿한 지느러미

마지막 피 한 방울까지 쏟으며
안간힘으로 물고 있던 바다가

반쯤 삭혀진 채
목구멍에 걸려 비린내를 풍긴다.

명태는 죽어도
북어는 바다를 떠나지 못한다.

# 산숲

산 숲엔 여백이 사네.
어머니의 젖줄 같은 무균의 고요를
콸콸 수혈하네.
숲은 무위의 치료자.
직립의 나무들이 그늘을 펴놓고
상형문자로 처방전을 쓰네.
불가해한 자연어를
벌레도 알아듣고 춤을 추네.
산 숲에 가면
침묵과 소통하는 귀가 뚫리네.

# 소낙비

여자는 아이를 때렸다.
발버둥 치며 아이가 울었고
바람도 천둥도 발악하듯 울었다.

퍼붓는 소낙비

엄마는 아이를 끌어안았다.
아이도 천둥도 울음을 그쳤다.
마당 끝이 환해졌다.

아이를 안고 일어서서
여자가 물끄러미
늦은 버스처럼 사라지는
한 사내를 본다.

여인이 운다.

남들 다 울고 난 뒤
겨우 곡할 차례를 얻은 의붓딸처럼
질컥거리는 울음소리를 내며
어깨가 허물어진다.

잠꼬대도 없이 아이가 잠든다.

# 엽서

한 사흘쯤 걸려
당신에게 갑니다.
그동안 손바닥만 한 마음이
두근거리며
쿵쿵 거리며
두툼해지기를요.

# 아름다운 소리

얼어붙은 강
이 끝에서 저 끝으로 쩍,
쩍 금이 간다.
본래 부드럽고 순한 강물을
누가 단단한 얼음장으로 만들었나.
쇠망치로도 부서지지 않던
철벽 빗장을 풀고
본래 모습을 찾아가는
아름다운 소리.
좋다!
때맞춰 꽃필 날 싣고
봄 오겠다.

# 키질

바람이 분다.
쭉정이를 골라내는 키질처럼.

감정하듯 삶을 달아보는
바람의 눈금이 매서운데

가을볕은
쬘수록 서늘하고 예리해
검불처럼 날리는 건 아닌지
가슴 졸인다.

까불리지 않도록
작아도 무거운 사랑
내려놓지 못하고
생을 단련시킨 눈물의 무게여!

# 어머니와 꽃구경

꽃구경 가요 어머니.
후평 골짝에 참꽃이 겁나게 폈다네요.
산불 붙은 것같이 온 산이 벌겋대요.

너나 댕겨와라.
너한테나 고향이지 나한테는 눈물이다.
꽃이라면 인자는 가슴이 먹먹해서,

꽃 좋아하셨잖아요.
나이 자시더니 맘이 변했네요.
들 찔레꽃 하얄 때 갈까요 그럼.

희고 벌겋고 간에 맘이 동해야 하는 디
도시 흥이 안 난다.
씩씩하던 느그 아부지도 아래턱이 코를 치고
열일곱 꽃 같든 새 각시도 어연 듯 단풍 들어
어느 바람에 떨어질까 조석으로 걱정이다.
꽃 소풍 가자는 자식이래도 곁에 있으니
그나마 키운 보람이 있구나.
고맙다.
그래도 새끼들 고향이래서 사랑했다.

느그덜 크는 거 보면서 세월 애끼고 살았어.
가난도 달아날까 애지중지 붙들고 살았다.

내 그리움은 말도 못 꺼냈다.
느그덜은 엄마가 꽃을 좋아한 줄로 알지만 실은
가시에 파묻혀 한세월 펑펑 울었다.
하나 밖에 없는 엄마 오빠가 보고 싶어도
가보지 못한 설움을 어디다 쏟았겄냐.
그리움이 달덩이처럼 떠올라 가슴에 들어차면
심장이 뛰고 목이 메어 숨을 쉴 수가 없는데
특히 꽃피는 봄만 되면 환장 하겄더라.
그걸 알았는지 엄마도 오빠도 두 분이
꽃피는 오월에 돌아가셨지.

막내 딸 막내 동생 보고 싶다고 말은 못하고
꽃구경 오라고
꽃 같이 만나자고
부고 써놓고 봄 산에 누웠더라.

꽃구경은 내가 알아서 할 것이니
볕 좋은 날 너나 댕겨 오너라.

가거든 잊지 말고 참꽃 한 주먹 따와 봐라.
느그 아부지랑 맛이나 한 번 보자.

# 흙의 마음

풀씨가 날아들면
흙은 따뜻해진다.

아이 울음에
젖이 도는 엄마처럼
바람은
풀씨 주변에 흙을 긁어모으고
낙엽을 덮어 그늘막을 친다.

목마르지 않도록
땅 속의 훈짐을 퍼 올려
마른 씨앗을 다독이는
흙의 손길

풀씨는 꿈꾸고
꿈을 꾸다 저도 모르게
아이의 잇몸 같은 연두 잎을 피우는 동안
흙은 먼 조상의 이야기들을 들려준다.

네 발부리 속엔
세상을 가꾼
거대한 푸른 힘이 숨겨져 있다고.

그 후로 풀씨는
한 잠도 자지 않고
잎을 내고 꽃을 피우고
빈 대지를 부지런히 메워나갔다.

| 제4부 |

# 모서리에 대한 단상

# 아름다운 죄

허락 없이 당신을
가슴에 가뒀습니다.

마음 수리 중

쇳대 찾느라
평생 걸리겠지만
그리움 켜놓고 살겠습니다.

# 그림자

누구나
얼굴도 마음도 모르는
그림자를 거느리고 산다.

나는 네가 아닌데
너는 내가 분명하다.

그림자를 끌고 사는가
그림자에 끌려 사는가

누가 진실한지는
남들이 먼저 안다.

# 봄을 흔들다

이래저래 몸살이다.
꽃 된 넋이 반가워 몸살이고
꽃 못된 넋이 서러워 몸살이다.
붉으면 붉은 대로
희면 흰 대로
꽃잎처럼 살다간 무명의 엄마처럼
봄밤엔 별도 달도 모다 꽃 같다.
어둠 속에 숨어
얼굴을 감추고 살았던 목숨들
그들의 향기가
오늘 밤 나를 비추는 별빛이고
달빛이 된 것은 아닐까.
얼마나 꽃이 되고 싶었을까.
꽃 같은 삶을 살고 싶었을까.
꽃이 핀다.
육탈된 뼈만으로 꽃길을 걷고 싶다.
물에 젖지 않는 바람처럼
봄을 흔들고 싶다.

# 동자부처

달달한 햇볕에 심심한
노스님과 동자승

'할아버지, 나비 잡아줄까요'
'네놈이 무슨 수로 날아다니는 나비를 잡아'
'잡으면 어떡할 건데요'
'부처님으로 모시마'

말이 끝나자마자
앞마당 화단으로 쪼르르 달려간 동자승
삼국화 한 대궁을 뚝 꺾어 어깨에 둘러메고
대웅전을 한 바퀴 휙 돌아 나오는데
어마! 꽃봉오리에 노랑나비가 앉았다.

저것이 무슨 조화인가
놀란 노스님
의기양양 걷는 동자승에 합장목례 올리며
생불일세!

재미있다는 듯
풍경이 바람 치며 떼굴떼굴 웃는다.

# 산사나무 꽃 아래서

산사에 든 마냥
정신은 고요하고 경건하기를
산사나무 아래서
아침 오월을 맞는다.
가진 것이 적다고 원망했더니
병과 곤고를 풍요하게 주시다니
제 가시에 찔려 죽는 산사나무 꽃처럼
비장하게 한 생을 건넜다.
욕심도 찔리면 붉은 피를 흘릴까.
아침이 내게 왔는지
내가 아침으로 가는지
하루 분의 꿈을 꿰기도 벅찬데
낮달이 기울고
저만치 숲에 하얗게 봄이 피었다.

산사 한 채 들어앉힌다.

# 어머니와 봄볕

연둣빛 어른대는 봄볕 마루에서
상추쌈을 먹다가
잘못도 감싸주시던 어머니 생각에
입을 크게 벌려
볼태기가 터져라 울었습니다.

어머니는 봄볕입니다.

# 추신

밤새워 쓰고도
빠뜨린 마음 있어

눈길에 발자국 찍듯
꾹꾹 눌러 적는
추신 한 줄

둘만 아는 비밀을
동봉해 놓고

군더더기 아닐까
가슴 졸인다.

# 밤숭어리꽃

꽃필 때는 몰랐다.
정신을 아찔하게 하던 유월 그날 밤
밤꽃 냄새.
한 번 잡은 마음 길
쉽게 놔주지 않을 줄은 알았지만
곰살궂은 기억도 어지간히 잊힐 즈음
파란 달빛이 장맛비처럼 쏟아지던 추석날 밤
훅, 차가운 바람을 먼저 보내
먼지 쌓인 댓돌을 쓸어놓고
이명의 귓속으로 톡 톡 토독
맑은 발자국 소리도 같고
창문 두드리는 환청 같기도 한 소리를 내며
비 주기적으로 알밤이 떨어지는데
별안간의 기별처럼 상냥하고 경쾌하더라.
공연히 설렌 밤잠을 설치고
이른 새벽 밤나무 밑으로 가봤더니
손도 대지 못하게 가시로 둘러쳐진 밤송이가
꽃처럼 별모양으로 쩍쩍 벌었고
땅바닥에 탱탱한 밤알을 즐비하게 떨궈
간밤에 나 모를 뭔 일이 벌어졌는지
밤을 주우며 몹시도 궁금하더라.

한 번 준 마음은 죽어도 찌르지.
눈에도 뵈지 않는 밤 가시에 욱신거리는 손마디
애먼 밤송이를 툭 찼더니
떼구르르 굴러가다 멈춰서는
성난 눈처럼 눈썹을 세우고 힐난을 한다.

"밤송이 같은 가시덤불에서 나오지 않은 놈 있어?
힘들게 나왔으니 바르게 커야지
아양이 거칠어 손 좀 찔렀기로 차긴 왜 차는데?
자기가 슬어놓은 풋밤 같은 생각들 알뜰히 키우느라
죽을 뻔 했고 만."

아, 그날 밤 은은한 그 냄새가
먼 훗날 만나자는 은유인 걸 나는 몰랐다.
밤숭어리 같은 가시투성이의 몸도
때가 되면 익어서 저절로 벌어지는 걸
애처럼 보채던 그 몸이 부끄러워
생밤을 삶으며, 밤을 까먹으며
꼿꼿해진 생각을 밤새워 깨물었다.

# 감자탕

등뼈, 하면
한밤의 감자탕이 생각난다.
소주를 묻혀가며
허물없이 뜯고 핥고 후벼 파며
살이란 살을 죄 발기고 해체한 등뼈는
얼마나 구수한가.
정직한 혀로 깨달은 바
살아서도 죽어서도 꼿꼿한 진미는
등뼈에서 나온다.
늦은 밤
누우면 더 무거워지는 등짐을 벗고
양푼에 탑처럼 쌓인 흰 뼈는
붉은 등 아래 눈부신데
야윈 발목을 몹시도 시게 하던 노동자의
단단한 얼음덩이 같고
무릎 정진으로 골수암을 앓다 죽은 수도자의
주먹사리 같다.
누가 제 주검의 뼈를 똑바로 볼 것인가.
다비식 봉화대를 에워싼 신자들처럼
식탁에 둘러앉은 술꾼들.
배고픈 위장에 소주를 들이붓자

삶의 더미는 활활 타고
침 묻은 이야기들이 불티처럼 날아다닌다.
수습하지 못한 뼛조각이
검은 입 속에서 별처럼 오물거린다.

# 바다

한 방울의
눈물보다 가볍고
심심한 바다여

온기 없는 심연이여

오직 찰랑댈 뿐
떠오를 줄 모르는 파도가
해안선 미끄럼을 탄다.

# 경칩에 듣는

얼음 녹아 흐르는 도랑물소리
개구리 우는 소리
동네 한 바퀴 휘젓는 바람소리
나뭇가지 물 빨아올리는 소리
꽃봉오리 웅성거리는 소리
나비애벌레 눈뜨는 소리
냉혈 뱀 심장 뛰는 소리
이사철 새떼들 짐 꾸리고 푸는 소리
동면에서 깨나는 오소리 하품소리

동백꽃 그늘에 앉아
올봄도 그냥 지나갈까
나이 한 살 애처롭게 꽃멍 드는
시골 아가씨 한숨소리.

# 나비

향방 없이
나는 것 같은 데
정확히 꽃잎에 내려앉는 나비

향기에 끌린
몸인가
정신인가

꽃 아닌 것에
기웃거린 적 없는
아름다운 비행.

# 혓바늘

의뭉스럽게
입은 거짓말을 해도
혀는 그럴 수 없습니다.
잊었다 해놓고
그리움으로 밤샘을 했더니
혓바늘이 돋았네요.
마음을 찌르는 몸의 통증이
입안에 한 살림을 차렸습니다.
마음보다는
몸이 먼저 아는 사랑이
정직해서 좋습니다.
곡기 끊은 입 속이 개운합니다.

# 모서리에 대한 단상

나는 각 지고 모가 났다.
그리하여 죄 없이 변방으로 쫓겨나
중심을 겨눠 반란을 꿈꾸는 모서리다.
걸핏하면 나를 떠밀어 벼랑에 세우는 탁자
그럴 때만 탁자의 영역은 평평하고 넉넉하다.
그러나 식탁 위의 음식보다
사람들은 향기롭거나 착한 적이 없다.
하루에도 수십 번 애인 엉덩이를 두드리듯
식탁 모서리를 치거나 쓰다듬고
어떨 땐 되게 찧어 시꺼멓게 멍이 들기도 하는데
그때 나를 찍어 누르거나 핀잔을 주지 않고
식탁 한가운데를 꽝꽝 두드리며
네가 왜 여기 있느냐 중심을 탓할 때는 정말
예쁘고 착하기까지 하다.
그럴 때 당신은 벌건 얼굴의 열혈 청년처럼 매력적이다.
실수를 재빨리 인정하고 자세를 바꾸는 순발력이라니
모서리의 반격을 인정한다는 것 아닌가.
하지만 당신이 세팅한 식탁 위에서
사람들이 정죄 당한다는 사실에 화가 나고
세상은 불평등한데
각진 모서리 덕분에 매끈하고 평등한 것처럼 보이는

기막힌 위선에 치가 떨린다.
모순의 기름칠된 도덕이여.
가장 먼 변방의 모서리를 사랑하지 못하면
세상의 중심은 허명이다.
가령 자신을 위한 책상도 되지 못하고
남을 위한 즐거운 식탁도 되지 못한다.
그리고 남의 아픔을 알지도 못하는 비인간류
감정 없는 사이보그가 될 뿐이다.
뭍은 길 끝의 낭떠러지 때문에 안정하고
모서리에 갇혀 튼튼해진다는 사실을
안락의자에 사람들은 결코 잊지 마라.
삶은 언제나 아슬아슬한 것
모서리가 바로 서야 중심이 든든하다.
나는 유배지 같은 모서리에 살지만
예언 하거니와 나 없이 너 없다.

# 묻다

꽃 마음 품고
잠자리에 듭니다.

그리운 것들은 왜
멀리서 향기로운가.

어제 물었던
물음에
답을 들어야겠습니다.

꿈에 뵙겠습니다.

# 겨울 편지

겨울 한가운데서 안부를 묻는다.
아름다운 그림 한 장 남기지 못한 채
허물 많은 날이 사라지고
설레임에 떨던 살가운 것들
찬바람에 엉엉 운다.
늦은 인사가 미안하다.
아프지 말고
슬픔에 갇히지도 말고
곧추 세운 마음의 뿔 닦으며
잘 지내라.
빚진 사랑 갚으며 살겠다.
소설 아침에.

# 다녀가세요

다녀가세요.

죽기까지 바쁘지만 말고
꽃 피듯이
단풍 들듯이
꿈에 놀러 오시면 좀 좋아요.

맞장구 호들갑도 떨고
함박눈처럼 사르륵사르륵 마음 다가가
속삭임 내리기도 하고

기다려 볼까요. 오늘 밤
도망치지 못하도록
아랫목에 은근한 그리움 펴놓고

바라도 안 오는 꿈이지만요,

# 서각하는 사람들

탕탕 두둥두둥
글자를 새기는 망치소리
나무를 깨우는 에로 소리

깎고 파고 다듬는
세미한 손길이
연애하는 사람인 양 은은히 떨리는데

물방울이 서로 이끌려
강을 이루듯
한 자 한 자 모여
단어가 되고
문장이 되고
문장은 마침내 죽은 나무를 되살려 놓는
부활의 숨결이 된다.

탄식인가 희열인가
나뭇결이 춤추고
옹이는 말을 거는데

나이테를 푸는
마지막 칼끝에 피가 서린다.

# 시와 여자

세상의 여자는 모두
부드럽고 엄한 어머니요 누이다.

세상의 시는 모두
쓰러져 우는 누군가의 비명이다.

살갑고 애처롭고
피 흘리고 비틀거리는 순수,

시집이 왔다.
누군가의 날선
그 고백을 들어주고
편애 없이 껴안으리라.

시를 읽는 밤
낯선 여자가 걸어 나온다.

# 인연

한 올만 빠져도
모두 풀어져
아무 것도 아닌 것이 돼버리는 스웨터처럼

단 한 번 잘못으로
송두리째 사라질 수 있는 것이
우리들 인연이라네.

한 줄기 바람으로 만나
꽃이 된 사람
인연의 옷을 입을 때마다
보이지 않는 가시에 코 빠지는 일 없도록
살펴 갑시다.

인연이란
본래 묶이지도 않고
형태도 없는 것
귀하게 여겨도 자꾸만 달아나려 하니

사는 날까지
따뜻이 손잡고 간직하다가
끝 바람이 불면
살그머니 보내드립시다.

모래알 하나도 내 것이 아니니
소리를 놔주는 쇠종처럼,
단호하게 그러나 자유롭게
비를 내려놓고 솟구치는 구름처럼
가볍게 그러나 맑게 인연을 이어갑시다.

■ 작품해설

# 꽃 아닌 것에 기웃거리지 않는 나비

호병탁(시인 · 문학평론가)

## 1

'시는 말하는 그림이요, 그림은 말없는 시'라는 오랜 격언이 있다. 확실히 재현의 대상이 되는 모든 구체적이며 개별적 존재들의 모습과 움직임은 우선 시각적으로 다가오게 마련이고 따라서 '시는 그림 같다'는 이 말은 오랜 전통을 가지고 시의 제작과정을 설명하는 상식적인 경구가 되고 있다.

우선 시인이 그려낸 빼어난 그림 한 폭을 본다.

> 봄볕 늘어진 처마 밑
> 돌계단 끝에
> 고양이 한 마리
> 풍경에 매달린 물고기를 노리고 있다.
>
> 풍경은 떨어지지 않으려
> 바람을 잡고 울고

먹이를 놓치지 않으려는 두 눈동자
껌벅도 않는 돌부처가 됐다.

손닿으면 퉁! 하고 울릴 듯한 팽팽한 긴장에
절간 기둥은
직립인 채 꼼짝도 못하고
좌선을 풀지 못한 스님 무릎에서
목탁만 외롭게 운다.

저녁도 건너뛰고
용맹정진 중인
축생 셋.

—「선화禪畵」 전문

시제 「선화」, 즉 '선적인 그림'이란 말이 우선 이 작품이 한 폭의 그림과도 같다는 것을 말해주고 있다. '선禪'은 번뇌를 끊고 진리를 생각하며 무아無我의 경지에 드는 일이다. 그렇다면 이 그림이 담고 있는 내용도 쉽게 짐작할 만하다.

첫째 연에서는 사찰의 '처마'와, 그 아래 '돌계단'과, 그 끝에 앉아 있는 '고양이 한 마리'와, '풍경에 매달린 물고기'라는 네 가지 외부 사물이 한꺼번에 그려지고 있다. 짧은 문장에 이런 재현 대상들을 단번에 등장시키는 시인의 시선이 만만치 않다. 이들 위에 따듯한 봄볕이 '늘어지게' 비치고 있다. 한유하고 평화스런 정경이다.

둘째 연에는 재현 대상들이 좀 더 구체적으로 묘사되고 있다. 즉 그들의 움직임까지 포착되고 있는 것이다. "풍경은 떨어지지 않으려/ 바람을 잡고 울고" 있고 고양이는 풍경에 달린 물고기를 놓치지 않으려고 "두 눈동자/ 껌벅도 않는 돌부처가" 되어 있다. 평화스런 정경에 돌연 긴장이 감돈다.

셋째 연에서 화자는 이 갑작스런 긴장을 "손닿으면 퉁! 하고 울릴 듯한" 긴장이라고 표현하며 그 강도를 높인다. 절간 기둥마저 "직립인 채 꼼짝도 못하고" 이에 가세하고 있다. 그럼에도 이런 상황에 무관한 채 스님은 좌선을 계속하고 그의 무릎에서 "목탁만 외롭게" 울고 있다. 허기야 고요히 앉아 참선하고 있는 스님에게 소소한 밖의 일이 무슨 대수가 될 것인가.

마지막 연은 짧다. 바람을 잡고 울고 있는 '물고기', 그것을 노리고 있는 '고양이', 좌선 중인 '스님', 시인은 이들을 싸잡아 "축생 셋"이라고 부르고 이들 모두가 "저녁도 건너뛰고/ 용맹정진 중"에 있다며 작품을 마감한다.

그야말로 봄날 어느 산사의 정경을 아름답게 사생한 그림이다. 이런 정경은 결코 특별한 상황은 아니다. 화자의 주관적인 미의식이 셋의 모습을 순간적 긴장으로 포착한 것이지 실상 모든 상황은 산사에서 흔히 있는 '평상平常'일 뿐이다. 풍경에 매달린 목어는 언제나 바람에 흔들거린다. 움직임에 민감한 고양이 눈길이 목어의 흔들림을 가만히 주시하는 것은 당연한 일이다. 물론 스님이 절에서 좌선하고 있는 것도 일상의 하나다.

그러나 시인은 이런 평범한 정경에서 선사상의 핵심이라 할 수 있는 '평상심시도平常心是道', 즉 일상생활이 바로 진리라는 사실을 꿰뚫어보고 있다. 이 작품의 제목이 「선화禪畵」임을 상기할 필요가 있다. 따라서 시인은 산사에서 얼마든지 볼 수 있는 일상의 모습에서 "용맹정진 중인/ 축생 셋"을 보게 되는 것이다. '용맹정진'과 '축생'이란 어휘를 눈여겨 볼 필요가 있다.

용맹은 용감하고 사나운 기세가 될 것이고 정진은 불가의 말로

악행을 버리고 선행을 닦는 일이다. 그렇다면 '용맹정진'은 선행을 위해 열심을 다해 치열하게 앞으로 나가는 것이다. 그러나 산사의 정경은 불길처럼 치열한 용맹함과는 거리가 멀다. 오히려 고요하다. 들리는 것이라고는 '외로운 목탁소리' 하나뿐이다. '정중동'의 강한 역설이 발생하고 있다.

작품에서 목어, 고양이, 스님을 싸잡아서 "축생 셋"으로 명명된다. 선사상의 '무정설법無情說法'은 돌과 시냇물 같은 무정물도 설법을 하고 듣는다는 뜻으로 생명의 가치와 도덕적 이해의 지평을 무생물에게까지도 넓히고 있다. 이는 모든 개체가 우주존재를 가능케 하는 '독립적 가치'를 갖고 있다는 선언이기도 하다. 부처의 구제 대상이 되는 모든 존재가 중생이다. 그렇다면 당연히 목어, 고양이, 스님 또한 모두 동격의 중생에 불과하다. "축생 셋"에는 이런 '불성의 평등사상'이 온축되어 있다.

목어는 바람에 흔들리고 있다. 고양이는 그것을 노리고 있다. 스님은 좌선하고 있다. '축생 셋'으로 명명된 이들의 모습은 인위와 가식 없는 평상 그대로의 자연스런 모습이다. 천부의 구족具足성으로 자연운행에 따라 살아갈 뿐이다. 그러나 시인은 역설적으로 이들의 자세와 행위를 "용맹정진 중"이라고 진술한다. 말 없는 이들의 모습에는 어떠한 '집착과 망념'도 보이지 않는다. 수행이 무엇인가. 이런 번뇌로부터의 해방이 아닌가. 그렇다면 이들의 평상생활이 바로 도를 닦는 '용맹정진'의 수행과 다를 게 또 무엇일 것인가.

저녁때도 지나가고 있다. 이제 스님은 배고프면 밥 먹고, 밤 되어 졸리면 잘 것이다.

## 2

시인은 시적 사건을 온전히 기록하기 위해 모든 감각을 개방하여 시적 대상이 되는 존재들의 움직임을 감지하고 그것이 내는 소리에 귀를 기울여야 한다. 감각들은 이미지를 만들어내고 그것들이 모여 하나의 통합된 이미지가 될 때 시적 사건은 새로운 면모를 띠며 강력한 힘으로 독자의 가슴을 치게 된다.

무딘 사람인 내 눈시울을 적시게 만든 시 한 구절이 있다.

> 여인은 나어린 딸아이를 따리며 가을밤같이 차게 울었다.

백석의 「여승」에 나오는 이 시 한 구절은 왜 나를 그처럼 슬프게 하는가. 평안도 산골에서 어린 딸을 데리고 옥수수를 팔고 있는 아낙, 이미 정황은 코끝을 찡하게 한다. 어린 것은 어미를 따라와 어쩌다가 맞고 있는가. 무슨 큰 슬픔이 있기에, 얼마나 세상이 폭폭 하였으면 어미는 울며 어린 것을 때리고 있는가. 이 불쌍한 아낙과 어린 것이 도대체 무슨 죄가 있다고 이런 슬픈 정경을 보여주고 있단 말인가. 강한 연민과 동정에 누선이 젖어 옴은 어쩔 수 없다.

나는 구연배의 「소낙비」를 읽으며 단박에 위 시 한 행을 떠올렸다. 무슨 일이 벌어졌는지 구체적 상황은 알 수 없다. 그러나 기막힌 장면이 연출되고 있다.

> 여자는 아이를 때렸다.
> 발버둥 치며 아이가 울었고
> 바람도 천둥도 발악하듯 울었다.

퍼붓는 소낙비

엄마는 아이를 끌어안았다.
아이도 천둥도 울음을 그쳤다.
마당 끝이 환해졌다.

아이를 안고 일어서서
여자가 물끄러미
늦은 버스처럼 사라지는
한 사내를 본다.

여인이 운다.

남들 다 울고 난 뒤
겨우 곡할 차례를 얻은 의붓딸처럼
질컥거리는 울음소리를 내며
어깨가 허물어진다.

잠꼬대도 없이 아이가 잠든다.

—「소낙비」 전문

첫째 연에서 여인은 "아이를 때렸다." 아이는 "발버둥 치며" 운다. 밖에서는 "바람도 천둥도" 함께 울고 있다. 둘째 연의 "퍼붓는 소낙비"와 함께 강력한 심상이 유발되고 있다. 어린아이는 왜 자기가 맞아야 하는지를 그 이유조차 모르는 법이다. '죄'라는 것 자체를 모르는 아이가 무슨 죄를 저질렀기에 맞아야 하는지를. 대개의 엄마는 자신의 설움에 겨워 아이를 때리는 것 같다. 웃으며 아이를 때리는 엄마를 본 일이 있는가. 아이는 운다. 아파서 우는 게 아니다.

세상에서 자기를 가장 사랑하는 엄마가 때리기 때문에 그것이 서러워 울 것이다. 엄마도 서럽고 아이도 서럽다. 그래서 밖의 바람도 천둥도 함께 우는 게 아닌가. 얼마 전 나는 어떤 문예지에 「세상에서 가장 슬픈 어린아이의 눈물」이라는 제목의 글을 발표한 일이 있다. 그렇다. 조그만 아이가 울고 있는 모습은 어떤 이유나 상황을 불문하고 우리를 극대화된 연민의 감정으로 휩싸이게 만든다.

셋째 연에서 "엄마는 아이를 끌어"안고 있다. 그러자 "아이도 천둥도 울음을 그쳤다." 비도 그쳤다. 엄마의 '따뜻한 포옹'은 이처럼 크나큰 위력을 발휘하게 되는 것이다.

넷째 연에서는 이들에게 어떤 일이 일어나고 있는지 짐작하게 한다. 여인은 "아이를 안고 일어서서" 물끄러미 "늦은 버스처럼 사라지는/ 한 사내를 본다." 무슨 사연인지는 몰라도 여인의 남편이자 아이 아빠는 떠나야만 하는 것 같다. 이 연에서 "늦은 버스처럼"이란 작품에서의 첫 번째 비유가 나타난다. 밤늦게 떠나는 버스는 막차처럼 돌아오지 않는다. 따라서 이처럼 사라지는 사내는 쉽게 돌아올 사람이 아니다. '한 사내'라는 아무 감정 없는 호칭이 눈에 띈다. 그가 돌아오는 사람이었다면 '연인'이나 '아이 아빠'라 불렸을 것이다. 그러나 "늦은 버스처럼" 떠나가는 그는 여인에게 있어 그저 '한 사내'에 불과했을 것이다.

다음 연은 "여인이 운다."라는 단 한 행짜리 짧은 문장이다. 이제 우리는 왜 그녀가 우는지 짐작한다. 남자가 떠났기 때문이다. 이어지는 연에서는 여인의 울음이 좀 더 구체적으로 묘사된다. 여인은 숨죽여 우는 게 아니라 "어깨가 허물어"지며 서러운 "울음소리를 내며" 울고 있다. 아이도 바람도 천둥도 울음을 그쳤다. 이제 그녀는 "남들 다 울고 난 뒤" '혼자' 울고 있다. "겨우 곡할 차례를 얻은 의붓딸처럼" 흐느끼고 있다. 작품에서의 두 번째 비유가 나타난다. 의붓딸은 후실이 데리고 들어온 딸이거나 현재 남편의 전처가 낳은 딸이다. 어느 경우도 한 쪽과는 피가 섞이지 않은 자식이다. 그러니 제대로 곡이나 할 수 있었겠는가. 절묘한 비유다.

마지막 연은 "잠꼬대도 없이 아이가 잠든다."라는 짧은 상황진술이다. 그리고 이 한 행의 문장으로 작품 전체는 끝이 나고 만다. 이 작품은 일곱 개의 연으로 구성되어 있다. 그런데 그 중 세 개의 연이 한 행짜리 짧은 문장이다. 연 가름은 시의 리듬, 의미, 내용의 변화에 있어서 아주 중요한 요소다. 그런데 단 한 행이 한 연이 되는 경우는 매우 드물다. 이런 특별한 문장배열에는 시인의 의도적 미학 장치가 깔려있다.

2연의 한 마디 문장 "퍼붓는 소낙비"는 아이가 울고, 바람도, 천둥도 우는 상황적 배경을 모두 갈무리하여 표상하고 있다.

5연 "여인이 운다."는 앞 연에서 엄마의 포옹으로 아이 울음이 그치는 대신 뒤 연에서는 남자와의 이별로 여인이 울게 된다는 극적인 내용 변화의 연결고리 역할을 하고 있다. 즉 이 짧은 문장은 이 작품 내용의 거의 전부라고 할 수 있는 아이의 울음과 여인의 흐느낌이라는 전후 서사를 전개·발전시키는 지표로 작동하고 있는 것이다. 그리하여 우리 연민의 감정은 더욱 심화된다.

그러나 7연이자 마지막 연, "잠꼬대도 없이 아이가 잠든다."라는 문장은 뒤에 이어지는 행도 연도 아예 없다. 물론 앞 연을 설명하는 역할도, 뒤 연을 수식하는 역할도 하지 않는다. 짧은 한 문장 그 자체로서 작품의 결미가 되고 있을 뿐이다. 그러나 이 동떨어진 마지막 연은 이 시의 백미라 할 수 있다. 엄마에게 맞을 때 "발버둥치며" 울던 아이는 이제 엄마 품에 안겨 "잠꼬대도 없이" 잠들고 있다. 엄마가 소리 내어 우는데도 말이다. 이런 역설적 상황은 어린 것의 '순진무구'함을 더욱 돋보이게 한다. 그 결과 오히려 비극적 이미지는 배가 된다. 작품의 전체적 정황은 애상哀想적이다. 자칫 감상적이 되기 쉬운 경우다. 그러나 시인은 신파조로 빠지는 소위 '센티멘털리즘'을 단호하게 경계하며 '아이가 잠든다.'라는 한 마디로 작품의 매듭을 묶어버린다. 깔끔한 마무리다.

## 3

한 사물이 다른 사물의 영향 안에서도 자체의 독자적인 성격과 법칙을 유지할 때 우리는 이를 '존재'라 부른다. 따라서 변함없는 독자성을 갖는 하나의 구체적인 문학작품도 그런 존재의 하나로 볼 수 있다. 그런데 어떤 존재이든 그것은 '부분'들의 특수한 결합으로 구성된 하나의 '전체'가 될 수밖에 없다. 전체에 속하지 않는 부분은 무의미하다.

'있을 건 다 있고 없을 건 하나도 없는' 작품은 너무 이상적인 말이 될지 몰라도 최소한 작품의 '미'라는 것은 바로 이런 조건이 구비된 상태에서 조성될 수 있다. 각 부분들의 필연적 혹은 개연적 결합으로 스스로 존립하고 움직이는 생물처럼 아름다운 전체형상을 이룬 작품 한 편을 본다.

> 얼음 녹아 흐르는 도랑물소리
> 개구리 우는 소리
> 동네 한 바퀴 휘젓는 바람소리
> 나뭇가지 물 빨아올리는 소리
> 꽃봉오리 웅성거리는 소리

나비애벌레 눈뜨는 소리
냉혈 뱀 심장 뛰는 소리
이사철 새떼들 짐 꾸리고 푸는 소리
동면에서 깨나는 오소리 하품소리

동백꽃 그늘에 앉아
올봄도 그냥 지나갈까
나이 한 살 애처롭게 꽃멍 드는
시골 아가씨 한숨소리.

—「경칩에 듣는」 전문

「경칩에 듣는」 여러 '봄 소리'들을 여실하게 그려내고 있는 작품이다. 경칩驚蟄은 우수와 춘분 사이에 있는 이십사절기의 하나로 겨울잠을 자던 벌레나 개구리 따위가 깨어 꿈틀거리기 시작한다는 시기다. 분주하게 봄을 맞고 있는 많은 사물이 발하는 소리가 강한 청각적 심상으로 그려지고 있는 이 작품은 이번 시집 대표작의 하나로 꼽을 만큼 뛰어나다.

이 작품에서 가장 눈길을 끄는 것은 작품 전체의 구성요소가 되는 여러 가지 '봄의 소리'들을 적절하고 의미 있게 배치하고 있는 시인의 특출한 능력이다.

무엇보다 첫째로 주목할 점은 모든 문장이 한결같은 동일한 통사구조와 일정한 종지형인 '소리'라는 어휘로 반복 · 병치되어 마감되고 있다는 사실이다. 그 결과 각각의 문장은 주부로만 되어 있고 술부는 전혀 없는 독특한 구조로 구성되고 있다. '소리'라는 낱말은 어떤 경우에도 명사의 기능만을 한다. 작품 전체에는 '- 하는 소리'와 같이 주어가 되는 명사를 수식하는 말은 있어도 '소리가 - 하다'와 같이 주어의 행위를 서술하는 말은 전혀 없다.

시는 '음音과 의미의 유기적 결합'이란 정의가 있다. 아름다운 소리와 가치 있는 뜻이 어우러져 있는 것이 바로 시라는 말이다. 그만큼 시에서 음악성이 차지하는 비중은 내용이나 의미 못지 않게 크다. 서정시는 본래 노래의 가사였다. 전통적으로 이런 음악적 특질을 가진 시작품에 작가가 음악적 요소에 주의를 기울이는 것은 당연하다. 그런데 동일한 통사구조와 종지형의 반복은 저절로 리듬을 창출한다. 리듬을 살리는 것은 의성 · 의태어의 동원과 함께 시에 음악성을 부여하는 가장 중요한 방법이다.

둘째로 주목할 점은 앞서도 말한 바와 같이 부분들은 서로 '필연적 혹은 개연적 연관'을 가지며 결합되고 있다는 점이다. 문학작품의 지속적인 호소력은 진실의 제시기능에 있다. 소박한 감정을 토로하는 서정시의 경우에도 이는 중요한 가치판단의 기준이 된다. 얼핏 보면 이 작품에는 많은 봄의 소리가 두서없이 열거되고 있는 것처럼 보인다. 그러나 작가의 세심한 배려는 허구적 문학작품에서 진실의 척도가 되는 '개연적 사실'을 잊지 않고 있다. 하나하나의 소리는 서로 필연 · 개연성에 입각해 연결 되고 있는 것이다.

작품은 두 연으로 구성되어있다. 이제 각 연 별로 제대로 따져 읽어보기로 하자.

첫 연은 "얼음 녹아 흐르는 도랑물소리"에 이어 "개구리 우는 소리"로 문을 연다. 얼음이 녹아야 뭇 생물이 움직이기 시작한다. 개구리도 마찬가지다. 이는 필연이다. 얼음이 녹는다는 것은 봄이 왔다는 말이고 당연히 따뜻한 봄바람이 분다. 또한 봄바람이 불어야 "나뭇가지 물 빨아"올리고, 그래야 꽃봉오리도 "웅성거리"며 필 준비를 한다. "나비애벌레"가 눈을 뜨고 변온 동물인 "뱀"도 다시 심장이 뛴다. 이 때쯤 되면 "이사철 새떼", 즉 철새들은 북으로 떠나느라 짐을 '꾸리기도' 하고 남에서 온 것들은 짐을 '풀기도' 한다. "오소리"도 "동면에서 깨나" 굴 앞에서 하품을 한다. 시인은 이런 모든 사물의 움직임을 소리로 집약하여 새롭고 놀라운 청각적 심상을 만들어 낸다. 꽃봉오리 "웅성거리는 소리", 냉혈 뱀 "심장 뛰는 소리", 새떼들 "짐 꾸리고 푸는 소리"는 얼마나 아름다운 심상인가. 그런데 이 소리들은 작품 전체의 맥락 속에서 전혀 저항 없이 받아들여지는 일관성을 갖추고 있다. 만약 여기에 봄이라는 계절에 대한 경험적 사실과 불일치되는 사소한 소리 하나라도 들린다면 독자들은 이를 진실에 대한 반칙으로 생각하고 거부반응을 일으키게 된다. 의외로 독자들의 진실에 대한 소박한 요구는 완강하다.

실상 "나뭇가지 물 빨아올리는 소리"나 "꽃봉오리 웅성거리는 소리"는 인간의 청력으로는 들을 수 없는 소리다. "나비애벌레 눈뜨는 소리"나 뱀 "심장 뛰는 소리"도 마찬가지로 일종의 문학적 허구다. 그러나 이런 의표를 찌르는 말은 시인의 상상력에서 창출된 일종의 미학적 장치로 얼마든지 받아들여지는 '시적 허용'이 된다. 오히려 이런 의도적 일탈은 문장을 강한 이미지로 미려하게 만드는 요체가 된다.

둘째 연이자 마지막 연을 본다.

자연의 위대한 질서는 사계를 반복하며 아름다운 조화의 세계를 보여준다. 앞 연은 이런 자연법칙에 따라 다시 찾아온 계절, 봄이 들려주는 갖가지 소리가 서로 아름다운 유기적 연관을 갖으며 배열되고 있다. 그리고 다음 연 사이에 휴지休止가 있다. 휴지는 의미의 단속과 시의 호흡을 조절한다. 또한 무언가 내용의 변화를 예측하게 하는 기능도 수행한다. 맞다. 모든 '사물의 소리'들은 첫 연에 서로 어우러지며 함께 단속되고 있다. 그런데 한 호흡 쉰 다음 연에서는 이 시에 등장하는 유일한 '인간의 소리', 즉 "아가씨 한숨소리"가 들려온다. 순간, 지금까지의 시적 정조는 확 물꼬를 틀어버린다.

두 연 사이에는 유사점과 차이점이라는 대립적 요소가 있다. '한숨'은 근심이나 서러움이 있을 때 길게 몰아 내쉬는 숨이다. 소리는 같지만 앞의 것은 희망에 찬 환희의 소리고 뒤의 한숨소리는 "애처롭게" 들리는 소리다. 봄이란 계절은 동일하지만 재현되는 대상이 각각 '사물'과 '인간'이라는 점에서도 다르다. 또한 전자는 사물의 외적 상태를 묘사하고 있지만 후자는 내적 감정을 묘사하고 있다. 그러나 진정한 예술은 유사점과 차이점이라는 대립적 요소가 결합되어야 한다.

새봄을 맞아 모든 사물이 즐거운 노래를 부른다. 그러나 "나이 한 살" 더 먹었지만 "올봄도 그냥 지나갈까" "동백꽃 그늘"에서 한숨 쉬고 있는 아가씨도 있을 수 있다. 더구나 동백꽃은 다른 꽃과는 달리 봄에 '피는' 꽃이 아니라 '지는' 꽃이다. 꽃말은 '애타는 기다림'이다. 시인의 예리한 안목은 이런 사실 하나도 놓치지 않는다. 상호 이질적 사실의 대조 효과를 최대한 인식하고 있는 것이다. 한 마디로 앞 연이 '밝음'이라면 뒤 연은 '어둠'이다. 그러나 '밝음'과 '어둠'은 대치되는 사실이지만 '하나의 입체감'을 조성하는 결정적 요소가 아닌가.

앞서도 말한 것처럼 시인은 작품 전체의 구성요소가 되는 여러 '다양성'을 적절하게 배치 · 결합하여 하나의 균형을 이루는 전체의 '통일성'을 기하는 특출한 능력을 보여준다. 다양 속의 통일, 즉 '많으면서 하나'라는 패러독스의 긴장을 작품에 내포하게 함으로 작품은 더욱 의미 있고 또한 생동감을 띠게 되는 것이다. 연의 구성도 이에 해당된다. 첫 연의 '소리'들은 모두 한 행으로 끝나지만 둘째 연은

세 행이나 더해져 뒤의 '한숨소리'를 수식하고 있다. 따라서 작품은 이미 시각적으로 큰 차이를 보인다. 그럼에도 전체 연의 종지형은 '소리'로 일치되고 있다. 따라서 전체 문장의 통사구조도 정확하게 일치되고 있는 것이다. 놀라운 구성이다. 작품의 각 요소들은 스스로를 전개시키며 안으로부터 하나의 형상을 향하고 있다. 그리하여 그 완성된 형상은 전체의 외부형식과 정확하게 일치된다. 낙락장송은 아름답다. 그러나 그 외형은 소나무라는 생명의 덩어리가 필연적으로 취하게 된 결과가 아니고 무엇이겠는가.

## 4

전반적으로 시인의 작품들은 해석과 이해에 어려움이 없다. 난해하거나 화려한 수사를 견인하지 않는 그의 글쓰기 스타일은 오히려 독자에게 설득력 있게 다가온다.

동구 밖까지 나와
손을 흔드는 어머니

처음에는
가라는 것 같더니
자꾸 바라보니
오라는 손짓 같아

마음을 지평선에 걸어놓고
온 종일

발끝 살피며 출렁인다.

—「친친親親」 전문

어머니와 헤어지는 정황이다. 잘 가라고, 잘 있으라고 서로 손을 흔든다. 어머니는 "동구 밖까지 나와" 아들을 배웅하며 '손을 흔들고' 있다. 그런데 그 손짓이 "처음에는/ 가라는 것 같더니/ 자꾸 바라보니/ 오라는 손짓"으로 보인다. 누선을 적시게 하는 이 장면묘사는 이 시에서 압권이다. 이별을 아쉬워하는 모자의 진한 정이 절묘하게 표현된 대목으로 가슴 짠하게 다가오는 정경이다. '가라는' 손짓'이 '오라는' 손짓으로 느껴졌기 때문인가. 아들의 마음은 "온 종일" 어머니 계신 "지평선" 너머에 "출렁인다." 별리의 애절한 감정을 표출하게 됨으로 자칫 감상에 흐르기 쉬운 작품이지만 시인은 역시 이를 단속하고 단시의 장점을 잘 살려내고 있다.

이 시는 특별한 문학적 장치는커녕 그 흔해 빠진 비유 하나 없다. 그럼에도 둘째 연의 어머니 손짓을 묘사한 대목은 가슴을 친다. 여기서 '자꾸'라는 평범한 부사가 눈에 띈다. 그러나 우리가 일상에서 무심코 쓰는 이 말은 작품에서 '돌아보고 또 돌아보는' 화자의 안타까운 마음을 여실히 드러내는 결정적 역할을 수행하고 있다. 이처럼 이 글은 특별한 문학적 장치 없이도 독자의 가슴에 어떤 울림을 만들어내고 있다.

시인은 또 다른 사모곡이라 할 수 있는 작품에서 "작은 무인역에서/ 눈 빠지게 기차를 기다리는 그 한 사람의/ 손님"(「종점」)이란 절창을 뽑고 있다. '역'에서 '기다리는 사람'은 누구인가. 바로 '어머니'다. 물론 '손님'은 아들이다. '역', '기차', '손님'이란 어휘들은 일상의 '평범한' 말로 기다림과도 관련은 있다. 그러나 작품에서 이 언어들은 간절하게 아들을 기다리는 한 어머니와 연계되며 '무한한 모정'을 함축하는 '비상한' 낱말들로 변모한다. 한마디로 시인은 평범한 언어에서 비범한 의미를 창출해내는 능력을 가지고 있다고 말할 수 있다.

## 5

나는 한 작품이라도 제대로 읽어내야 한다는 고집이 있다. 그러다 보니 네 작품밖에 다루지 못했는데 이미 많은 지면을 소비하고 있다. 나도 읽어달라는 작품이 아직 수두룩하다. 이는 작품들이 그만큼 수준 이상의 균일성을 확보하고 있다는 말에 다름없다.

시인은 주변에 있는 모든 사물, 즉 구체적이며 개별적인 모든 존재들과 서로 감응하고 교감한다. 시인은 그런 존재들로부터 잉태한 서정을 '자연스럽게' 그려낸다. 자신을 기만하는 법은 절대 없다. 진정한 실체가 의심되는 것들이 너무나 흔해 빠진 요즘 세상에 이런 순수한 정신을 고수하는 시를 쓴다는 것이 귀하게 여겨진다. 이런 정신은 그만큼 시인이 작고 여린 시적 대상에게도 진정한 동정과 연민의 따뜻한 시선을 보낼 수 있는 마음에서 비롯된다.

우리는 「소낙비」에서 울고 있는 '어린것과 엄마'에게 보내는 시인의 눈길을 보았다. 소시민 가족의 신산한 삶에 깃든 눈물이 방울방울 작품에 배여 있다. 이들은 착한 우리의 이웃이다. 그리고 바로 우리 자신들이기도 하다. 무얼 잘못해서, 어디가 못나서 이들은 울어야 하는가. 작품 안에는 이런 시인의 사회적 비판의 분노가 내재되어 있다고 볼 수 있다. 그러나 시인은 이를 직설적으로 표출하지 않는다. 시인은 이런 추상적 사고를 비바람 부는 날, 슬피 우는 아이와 엄마라는 시적 대상에 치환시켜 자신의 인식을 '물속의 달'

처럼 간접적으로 표명하고 있을 뿐이다. 「경칩에 듣는」에서도 우리는 환희에 찬 다양한 봄의 소리를 듣게 된다. 또한 애처로운 "아가씨 한숨소리"도 듣게 된다. 이는 가파를지도 모르는 삶에 대한 '은밀한 예고'라 할 수 있다. 그러나 정신적 사유에 근거한 이런 관념은 발화되지 않는다. 의식세계의 표출은 암시성에 의해 매개되어야 하며 이런 것이 직설적이고 명시적으로 드러나면 드러날수록 작품의 수준은 물론 그 호소력도 떨어지게 된다는 것을 시인은 정확히 알고 있기 때문이다. 위 두 작품에 현학적이고 교훈적인, 아니 이와 가까운 어휘 하나라도 나타나는가. 모두 흔히 쓰는 일상의 쉽고 정다운 언어들뿐이다. 이는 커다란 미덕이라 아니할 수 없다. 또한 그의 시 전체를 관류하는 특징이기도 하다.

## 6

시인의 전기적 사실, 즉 그가 누구이며 어떤 사람인지에 대해서는 전혀 언급하지 않았다. 작품 자체만으로도 충분했기 때문이다. 그런데 작품 어디에서도 깔깔대는 웃음소리는 들리지 않는다. 시 전체에 페이소스가 진하게 깔려 있는 느낌이 든다. 그는 시집 서두 「시인의 말」에서 "시를 통해 마음의 귀를 얻을 수 있다고 믿으며, 희미하나마 알아챈 소리를 뜨겁게 사랑하고 싶다"고 말하고 있다. 그러나 우리는 이미 그가 모든 시적 대상, 즉 인간을 포함한 대자연의 모든 사물에 '뜨거운 사랑'을 주고 있음을 안다. 이는 '희미하게 알아챈 소리'에 기인한 것은 아니다. 그는 '나비애벌레 눈뜨는 소리'까지 들을 수 있는 초인적 청력을 가지고 있지 아니한가.

"향방 없이/ 나는 것 같은 데/ 정확히 꽃잎에 내려앉는 나비"는

“꽃 아닌 것에/ 기웃거린 적” 없다.(「나비」) 단순하고 선언적인 이 시구는 우리를 잠시 숙연하게 한다. 시인의 의연하고 도저한 자세를 보는 것 같다.

구연배 제7시집

# 귀머거리의 연가

**인쇄** 2019년 11월 24일
**발행** 2019년 11월 26일

**지은이** 구연배
**발행인** 서정환
**펴낸곳** 신아출판사
**주소** 전북 전주시 완산구 공북 1길 16(태평동 251 - 30)
**전화** (063) 275-4000 · 0484 · 6374
**팩스** (063) 274-3131
**이메일** sina321@hanmail.net
**출판등록** 제465 - 1984 - 000004호
**인쇄 · 제본** 신아출판사



ISBN 979-11-5605-700-0 03810
**값 9,000원**

이 도서의 국립중앙도서관 출판예정도서목록(CIP)은 서지정보유통지원시스템 홈페이지(http://seoji.nl.go.kr)와 국가자료공동목록시스템(http://www.nl.go.kr/kolisnet)에서 이용하실 수 있습니다.(CIP제어번호: CIP2019047633)

Printed in KOREA

※ 이 책의 발간비 일부는 전라북도 문예진흥기금의 지원을 받았습니다.